BEI GRIN MACHT SICH IHR WISSEN BEZAHLT

AF167149

- Wir veröffentlichen Ihre Hausarbeit,
  Bachelor- und Masterarbeit

- Ihr eigenes eBook und Buch -
  weltweit in allen wichtigen Shops

- Verdienen Sie an jedem Verkauf

Jetzt bei www.GRIN.com hochladen und kostenlos publizieren

GRIN

Die Krippeneingewöhnung als erster Übergang im Leben eines Kindes

Franziska Augustin

GRIN ☺

Bibliografische Information der Deutschen Nationalbibliothek:

Die Deutsche Nationalbibliothek verzeichnet diese Publikation in der Deutschen Nationalbibliografie; detaillierte bibliografische Daten sind im Internet über http://dnb.d-nb.de abrufbar.

ISBN: 9783346464545
Dieses Buch ist auch als E-Book erhältlich.

© GRIN Publishing GmbH
Nymphenburger Straße 86
80636 München

Druck und Bindung: Books on Demand GmbH, Norderstedt Germany
Gedruckt auf säurefreiem Papier aus verantwortungsvollen Quellen

Das vorliegende Werk wurde sorgfältig erarbeitet. Dennoch übernehmen Autoren und Verlag für die Richtigkeit von Angaben, Hinweisen, Links und Ratschlägen sowie eventuelle Druckfehler keine Haftung.

Das Buch bei GRIN: https://www.grin.com/document/1041075

„Noch einmal kuscheln!"

Die Krippeneingewöhnung als erste Transition im Leben eines Kindes

Inhaltsverzeichnis

1. Transitionen

Transition beschreibt Schritte im Leben, in denen neue Abschnitte beginnen. Dies bringt Stress, Angst, Belastung, Entwicklung und neue Situationen mit sich. Was genau eine Transition ist und wie man sie erfolgreich bewältigt, werde ich in den folgenden Abschnitten darlegen.

1.1 Was sind Transitionen?

Transitionen sind bedeutende Übergänge, welche im Leben bewältigt werden müssen. Sie werden als krisenhaft empfunden, sind jedoch zeitbegrenzt. In diesem Lebensabschnitt finden in kurzer Zeit wichtige Veränderungen statt. [1]

Transition bedeutet, etwas hinter sich zu lassen, was das auf die eigene Identität eingewirkt hat. Man muss dem Unbekannten begegnen, sich einer neuen Situation anpassen und ist dadurch verschiedenen Belastungen ausgesetzt. Dies kann sich sowohl positiv als auch negativ auf die Entwicklung des Menschen auswirken.

Man unterscheidet zwischen strukturellen und individuellen Transitionen.

Strukturelle Transitionen werden beispielsweise durch einen institutionellen Wechsel in einem gewissen Alter vorgegeben.

Beispiele sind: Elternhaus - Krippe

Krippe - Kindergarten

Kindergarten - Grundschule

Grundschule - weiterführende Schule

Individuelle Transitionen hingegen werden von jedem Menschen anders erlebt. Sie können in verschiedenen Altersstufen und zu verschiedenen Zeiten erlebt werden.

Beispiele sind: Alleinlebend - Ehe

Ehe - Scheidung

Leben – Tod

Wie ein Kind eine Transition meistert, hängt unter anderem auch von der dessen Resilienz ab.

Das Wort „Resilienz" stammt von dem lateinischen Wort „resilire" ab und bedeutet so viel wie „abprallen". Im Zusammenhang mit dem Thema der Transitionen geht es bei Resilienz um die

---

[1] Vgl. https://www.herder.de/kiga-heute/fachbegriffe/transition/

physische und psychische Widerstandsfähigkeit und bezeichnet die Fähigkeit eines Menschen mit Hilfe der persönlichen Ressourcen krisenhafte Situationen zu bewältigen.[2]

Unter Resilienz fallen folgende Begriffe:

- Selbstorganisation
- Robustheit
- Agilität
- Widerstandsfähigkeit
- Selbstregenerationsfähigkeit
- Elastizität

- Erholungsfähigkeit
- Anti-Fragilität
- Flexibilität
- Anpassungsfähigkeit
- Redundanzen
- Stärkung durch Störung

Je höher die Resilienz des Kindes ist, desto höher ist die Wahrscheinlichkeit, dass der Übergang in den neuen Lebensabschnitt erfolgreich gemeistert wird.

1.2 Welche Bedeutung haben Transitionen?

Transitionen können sich je nach Bewältigung sowohl positiv als auch negativ auf die weitere Entwicklung des Kindes auswirken. Wird die Transition erfolgreich bewältigt, wirkt dies bestärkend auf das Kind und ist bedeutend für dessen Wohlbefinden und die fortlaufende kognitive Entwicklung. Bei einem nicht erfolgreichen Übergang kann sich dies negativ auf die Entwicklung des Kindes auswirken. So können zum Beispiel psychische und emotionale Schäden entstehen. Viele Dinge können sich im Leben des Kindes ändern. In Bezug auf die Krippe muss es zum Beispiel lernen, sich in einer neuen Umgebung zurechtzufinden und das erste Mal ohne ein Familienmitglied dort zu essen oder zu schlafen. Selbst wenn die Bezugsperson nur den Raum verlässt, kann dies ein entscheidender Stressfaktor sein. Der Tagesablauf ändert sich und das Kind muss sich an neue und vielleicht ungewohnte Aktivitäten gewöhnen. Ebenso wird das Kind dazu „gedrängt" sich mit unbekannten Kindern und Erwachsenen auseinanderzusetzen.

Gerade bei Kindern ist es deswegen wichtig, dass Eltern sich hilfreich und unterstützend hinter sie stellen und eine positive Sicht auf die Veränderung vertreten. So lernt das Kind, dass es diese Situation nicht alleine bewältigen muss, und bei Schwierigkeiten auf vertraute Personen zurückgreifen kann.

Auch für die Familie des Kindes entsteht mit einem neuen Übergang eine neue Herausforderung. Während der Transition ist es die Aufgabe der Familie, das Kind in jeder Hinsicht zu unterstützen. Nachdem das Kind in eine neue Einrichtung kommt, kann es ebenso sein, dass sich die Gewohnheiten der Familie ändern. Beispielsweise kann es sein, dass sie

---

[2] Vgl. Kasten, Hartmut: Entwicklungspsychologie, Lehrbuch für Fachkräfte, 2. Auflage

früher aufstehen oder das Essen auf andere Zeiten verlegen müssen. Es ist wichtig, dass die Eltern keinen Leistungsdruck ausüben. Eine gute Zusammenarbeit zwischen Eltern und Kind ist essenziell für einen gelungenen Übergang in einen neuen Lebensabschnitt.[34]

2. Definition Eingewöhnung

Als Eingewöhnung bezeichnet man eine Einführungs- und Bewältigungsphase, welcher sich Kinder stellen müssen, während sie sich mit der neuen Situation in einer Krippe oder im Kindergarten vertraut machen. Dieser Prozess umfasst die Zeit von der Anmeldung des Kindes in der Einrichtung bis zum Abschluss der Integration in die Gruppe und den Alltag. In dieser Zeit lernen sie die neue Umgebung kennen und bauen erst Beziehungen und Bindungen zu den Erziehern und anderen Kindern auf. Die Anpassungsleistung, welche von den Kindern gefordert wird, kann durchaus hoch sein und belastend werden. „Das Kind hat die Aufgabe, sich umfassend neu zu orientieren."[5]

Mit einer Eingewöhnung in der die Gruppe geht auch eine große Veränderung einher. Ein neues Kind tritt in den Krippenalltag ein. Mit den Kompetenzen und Fähigkeiten des neuen Kindes ändert sich ebenso das Verhalten der gesamten Gruppe und es entsteht eine wechselseitige Wirkung. Weint das Kind beispielsweise sehr viel, so ist abzusehen, dass die Bezugserzieherin vermehrt dem neuen Kind zugewandt ist und für die anderen Kinder weniger erreichbar sein kann.

Das Ziel der Eingewöhnung ist es, das Kind durch behutsame Trennung von den Eltern und ohne Überforderung in die Gruppe zu integrieren. Dazu sollte es so viel Zeit bekommen, wie es braucht. Die Eingewöhnung wird von der „Bezugserzieherin" übernommen. Diese übernimmt Gespräche mit den Eltern und ist dafür zuständig, das Kind langsam an den Alltag in der neuen Einrichtung zu gewöhnen. Das erste Kennenlernen der drei Parteien ist der erste Schritt in Richtung einer tragfähigen Bindung und Beziehung in der das Kind sich angenommen fühlt. Die pädagogische Fachkraft übernimmt Elterngespräche, sorgt dafür, dass das Kind gut in der Gruppe ankommt und steht den Eltern für Fragen zur Verfügung.

Um eine gute emotionale Bindung zwischen dem Kind und der pädagogischen Fachkraft zu schaffen, ist eine feinfühlige und liebevolle Kommunikation besonders wichtig. Das Kind soll sich von Anfang an wohl und sicher fühlen. Gerade bei Kindern unter drei Jahren spielen Emotionen und Zuwendung eine besondere Rolle. Um den Kindern einen sanften Übergang aus dem familiären Umfeld in die Krippe zu ermöglichen, ist sehr viel Einfühlungsvermögen gefordert. Eine stabile Beziehung zu einer fremden Person kann nur allmählich aufgebaut werden und ist vom Alter abhängig, da jüngere Kinder emotional noch stark an ihre Eltern gebunden sind und ein Urvertrauen zu ihnen aufgebaut haben. Dieses Vertrauen muss sich

---

[3] Vgl. https://www.herder.de/kiga-heute/fachbegriffe/transition/
[4] Vgl. https://www.hage.de/media/13-12-19_uebergaenge_kurzfassung_1.pdf
[5] Vgl. Höhn, Kariane: Eingewöhnung und Übergang in Krippe und Kita gestalten (S. 9)

die pädagogische Fachkraft noch erarbeiten. Dies ist am ehesten gewährleistet, wenn die Gewöhnung an die neue Umgebung, die anderen Kinder und die noch nicht vertrauten Erwachsenen langsam und unter der Begleitung der Eltern stattfindet. Mit Eintritt in die Krippe wird das Kind mit vielen Eindrücken konfrontiert. Es muss sich an neue Situationen und an die Trennung von der Bezugsperson gewöhnen. Deshalb erleichtert die Anwesenheit der Bezugsperson den Übergang in die neue Umgebung und bietet dem Kind einen sicheren Hafen. Zudem ist es wichtig, dass die Bezugsperson der veränderten Situation freudig entgegentritt und dem Kind dabei hilft positive Momente zu schaffen. Da die Kinder sehr unterschiedlich auf die Eingewöhnung reagieren, kann eine Zeit für die Eingewöhnungsphase nicht festgeschrieben werden, beträgt aber in der Regel vier bis sechs Wochen. Eine gute Kooperation zwischen Eltern und pädagogischer Fachkraft ist unbedingt erforderlich. Gemeinsam tragen sie eine hohe Verantwortung, um diesen neuen und wichtigen Lebensabschnitt gut gelingen zu lassen.

3. Warum ist eine Eingewöhnung wichtig?

Fremde Umgebung und fremde Personen stellen eine Stresssituationen und zudem sowohl für das Kind als auch für die Eltern einen neuen Lebensabschnitt dar. Eine behutsame Eingewöhnung ist die Voraussetzung für ein gutes Wohlbefinden des Kindes in der Einrichtung und die Basis für ein aktives und engagiertes Lernen. Des Weiteren bieten die Wochen der Eingewöhnung dem Kind Zeit, mit ihren Eltern als sicherem Hafen in der Nähe alles zu erkunden. Wichtige Grundsteine für das spätere Leben werden bereits im Kleinkindalter gelegt. Das Ziel der Eingewöhnungszeit ist es, eine vertrauensvolle Beziehung zu der Bezugserzieherin aufzubauen, zu lernen sich von den Eltern zu lösen und sich in die Gruppe zu integrieren.[6] Ein weiteres Ziel ist es, aus der dyadischen Beziehung zwischen Kind und Bezugsperson eine triadische Beziehung zu gestalten, in welche ebenso die Fachkraft involviert ist. Das Kind sollte langsam in Kontakt mit anderen Kindern gebracht werden, um vor allem im Spiel das soziale Verhalten zu lernen, aufzunehmen und weiter zuentwickeln. Bereits in der Beobachtung lernt das Kind, Kompromisse einzugehen und vorgegebene Grenzen einzuhalten und zu akzeptieren. Um seinen Platz in der Gruppe zu finden, muss das Kind in den Alltag mit einbezogen werden.

---

[6] Vgl. https://www.st-josefggmbh.de/eingewoehnung.html

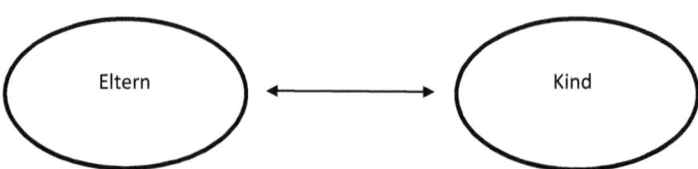

Dyadische Beziehung

Eltern ⟷ Kind

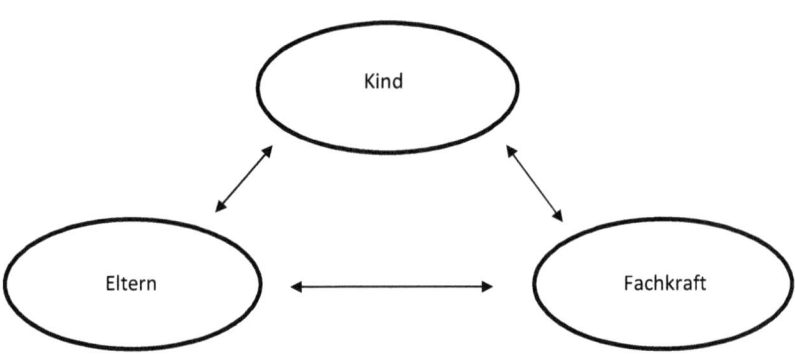

Triadische Beziehung

Kind

Eltern ⟷ Fachkraft

4. Modelle der Eingewöhnung

Um eine Eingewöhnung anzugehen, gibt es verschiedene Modelle. Diese können die Eingewöhnungszeit erleichtern, sofern die Rahmenbedingungen stimmen. Diese Modelle sind keine starren Programme, nach denen gearbeitet werden muss. Sie dienen lediglich als Leitfaden.

Die bekanntesten Modelle der Eingewöhnung sind das Berliner Eingewöhnungsmodell und das Münchener Eingewöhnungsmodell.

4.1 Berliner Eingewöhnungsmodell

Das Berliner Modell wurde vom Institut für angewandte Sozialforschung entwickelt und findet seit den 1980er Jahren praktische Anwendung. Es ist kein starres Programm, sondern dient als Orientierungsrahmen für die Übergangszeit vom Elternhaus in die Einrichtung. Das Berliner Eingewöhnungsmodell setzt sich aus vier Phasen zusammen.

Phase 1: Grundphase

Dir Grundphase besteht aus drei Tagen, in denen das Kind mit seiner Bezugsperson zwischen 1 und 1,5 Stunden in der Krippe verbringt. In der gesamten Zeit verhält sich die Bezugsperson passiv, stellt jedoch eine sichere Basis für das Kind dar, für den Fall, dass es etwas Vertrautes braucht. In diesen drei Tagen stellt die Bezugserzieherin den ersten Kontakt zum Kind her und versucht, langsam eine Bindung aufzubauen.

Phase 2: Trennungsversuch

Der erste Trennungsversuch findet bereits am vierten Tag statt. Die Bezugsperson verlässt zwar die Gruppe, jedoch nicht die Einrichtung. Sie bleibt immer in Rufweite. Akzeptiert das Kind die Trennung, lässt sich gegebenenfalls trösten und zum Spielen anleiten, dann dauert die Trennung circa 30 Minuten. Lässt es sich jedoch nicht trösten, so wird die Bezugsperson zurück in den Raum geholt und der nächste Versuch findet erst drei Tage später statt.

Phase 3: Stabilisierungsphase

Akzeptiert das Kind die Trennung, wird die Trennungsphase immer wieder ausgedehnt und die Bezugsperson kann die Einrichtung verlassen. Nach einiger Zeit nimmt die Bezugserzieherin die Rolle der Bezugsperson ein und baut eine immer stärker werdende Bindung auf.

Phase 4: Schlussphase

Bleibt das Verhalten des Kindes stabil, so kann die Bezugsperson sich anderen Dingen wie zum Beispiel der Arbeit widmen, sollte jedoch immer abrufbar sein, falls doch mal etwas sein sollte.

Die pädagogische Fachkraft bietet nun den sicheren Hafen und das Kind kann frei alles erkunden und erforschen.

4.2 Münchener Eingewöhnungsmodell

Das Münchener Eingewöhnungsmodell ist ein von Kuno Keller weiterentwickelter Ansatz des Berliner Modells. Eltern können hier durch eine transparente Arbeit die Einrichtung und ihren Alltag kennenlernen und sich mit der neuen Situation auseinandersetzten. Das Münchener Eingewöhnungsmodell ist, anders als das Berliner Modell, in fünf Phasen unterteilt, deren Tempo alleine das Kind bestimmt.

Phase 1: Vorbereitungsphase

In der Vorbereitungsphase findet ein intensiver Austausch zwischen Bezugsperson und pädagogischer Fachkraft statt. Eltern können die Einrichtung und ihre Räumlichkeiten sowie die Konzeption kennenlernen und Fragen stellen, während die Fachkraft etwas über das Kind, seine individuellen Bedürfnisse und Stärken und Schwächen in Erfahrung bringen.

Phase 2: Kennenlernphase

Die Kennenlernphase ist eine Woche in der Kind und Erziehungsberechtigter gemeinsam die Einrichtung kennenlernen und die ersten Einrücke verarbeiten können. Die Eltern sind hierbei unverzichtbar. Sie vermitteln Sicherheit, Ruhe und bieten dem Kind eine Basis des Vertrauten, während sie aktiv mit ihrem Kind in der Gruppe interagieren.

Phase 3: Sicherheitsphase

Die Sicherheitsphase startet in der Regel in der zweiten Woche. Nachdem das Kind gemeinsam mit der Bezugsperson die Gruppe erforscht hat, zieht sich diese zurück und beginnt, sich passiv zu verhalten. Eine Eingewöhnung wird geprägt von Interaktionen mit anderen Kindern. Das Kind wird ermutigt, aktiv am Gruppengeschehen teilzunehmen und sich vom sicheren Hafen zu entfernen. Die Fachkraft übernimmt in dieser Phase bereits die elterlichen Aufgaben wie Anziehen und Wickeln.

Phase 4: Vertrauensphase

Nimmt das Kind sicher am Gruppengeschehen teil, kommt es in der Vertrauensphase zum ersten Trennungsversuch. Ist eine gute Basis zwischen Bezugsperson und pädagogischer Fachkraft hergestellt, merkt das Kind, dass die Kita ein Ort ist, an dem es sicher ist und dem es vertrauen kann. Die Bezugsperson verlässt den Raum, jedoch nicht die Einrichtung. Vor dem Verlassen erklärt sie dem Kind, dass sie bald wieder zurückkommt und verabschiedet sich. Die Trennung dauert, je nach Stimmung des Kindes, 30 bis 60 Minuten und wird nicht abgebrochen.

Gerade im Krippenalter steht das Kind bei der ersten Trennung der Eltern unter Druck und ist unsicher. Oft bekommen Kinder in diesem Alter einen emotionalen Ausbruch und beginnen zu weinen. Lässt sich das Kind von der Fachkraft trösten und zum Spielen begeistern, gilt der Trennungsversuch als erfolgreich und die Trennungszeit kann verlängert werden, bis das Kind alleine in der Einrichtung bleiben kann. Kann das Kind jedoch nicht beruhigt werden, kehrt der Erziehungsberechtigte zurück in die Gruppe und die Sicherheitsphase wird wiederholt.

Phase 5: Reflexionsphase

Auch während der ersten vier Phasen finden regelmäßige Gespräche zwischen Bezugsperson und pädagogischer Fachkraft statt, in denen der aktuelle Stand besprochen und ausgewertet wird. Zum Ende der Eingewöhnung findet ein Eingewöhnungsabschlussgespräch statt indem noch einmal abschließend alles ausgewertet wird.

Je nach Kind dauert die Eingewöhnung durchschnittlichen zwischen vier und fünf Wochen. [7]

5. Bindung

Der Mensch wird als „kompetenter Säugling" geboren. Dies bedeutet, dass er bereits alle grundlegenden Kompetenzen besitzt und auf Kommunikation und Interaktion mit Erwachsenen vorbereitet ist. Kinder übernehmen aktiv einen Teil ihrer Bildung und Verantwortung. Ihr Lerneifer und Wissensdurst treibt sie dazu, die Welt um sie herum zu erkunden und ihrem Verlangen nach Exploration nachzugehen. [8] Doch Bildung kann nicht ohne Bindung stattfinden. Eine sichere Bindungsqualität herzustellen ist daher wichtig für die weitere emotionale und soziale Entwicklung des Kindes und kann nur gelingen, wenn sich das Kind sicher und geborgen fühlt.

John Bowlby verglich die Bindung mit einem Band, welches zwei Personen durch Gefühle miteinander verbindet. Eine gute Bindung kann nur durch feinfühlig aufeinander

---

[7] Vgl. https://www.kindergartenpaedagogik.de/fachartikel/gestaltung-von-uebergaengen/uebergang-von-der-familie-in-die-tagesbetreuung/2348

[8] Vgl. Bildungs- und Erziehungsplan für Kinder von 0 bis 10 Jahren in Hessen

abgestimmten Austausch zwischen Kind und Erwachsenen aufgebaut werden. Werden Bedürfnisse des Kindes richtig wahrgenommen und feinfühlig behandelt, ist es einfach, eine positive Bindungsqualität herzustellen.

Der Eingewöhnung kommt in Krippen oft eine besondere Bedeutung zu. Die Länge der Eingewöhnung ist abhängig von der **Bindungsqualität** des Kindes. Sicher gebundene Kinder benötigen weniger Zeit. Andere Kinder brauchen länger und benötigen ihre Eltern immer wieder als Basis. Der Eingewöhnungsprozess in der Kindertageseinrichtung muss gut geplant und durchgeführt werden. Voraussetzung ist ein Eingewöhnungskonzept, das im Team erarbeitet ist und am besten über ein **Qualitätsmanagementsystem** beschrieben wird.

Frühe Bindungserfahrungen sind essenziell für die Entstehung des Selbst. Sie beeinflusst das Selbstgefühl und wirkt sich somit auf die weitere Entwicklung des Kindes aus. Die Qualität der Bindung ist für das selbstbewusste und selbstständige Erkunden der Umwelt und die Auseinandersetzung mit sich und seinen Mitmenschen von grundlegender Bedeutung. Bereits Freud beschäftigte sich mit diesem Thema und stellte fest, dass eine gute Bindung nur durch Geborgenheit, Zärtlichkeit, Sicherheit, Schutz und Vertrauen sichergestellt werden kann.[9]

Abschließend lässt sich sagen, dass ohne Bindung keine Bildung stattfinden kann.

5.1 Die Bindungstheorie nach John Bowlby

Anfang des 20. Jahrhunderts beschrieb Sigmund Freud die Triebtheorie, welche besagt, dass die Bindung zwischen Mutter und Kind hauptsächlich durch die orale Befriedung während des Stillens aufgebaut wird. Der englische Kinderpsychiater und Psychoanalytiker John Bowlby begründete das Band zwischen einem Kind und seinen Eltern jedoch viel tiefgründiger. Laut Bowlby entwickeln Säuglinge bereits unmittelbar nach der Geburt Bindungsverhaltensweisen, welche dazu dienen die Bezugsperson auf bestimmte Situationen und Bedürfnisse aufmerksam zu machen. Solch ein Bindungsverhalten zeigt sich zum Beispiel durch Weinen, Schreien, Klammern, Nachlaufen aber auch durch Lachen. Die Funktion liegt hauptsächlich darin, zu signalisieren, dass man sich in einer emotional belastenden Situation befindet und Schutz oder Trost braucht. Werden die Bindungsverhaltensweisen von der Bindungsperson richtig gedeutet sowie schnell und feinfühlig befriedigt, so wird eine stabile Bindung zwischen Bindungsperson und Kind entstehen.[10] Verschiedene Herangehensweisen zur Erfüllung der kindlichen Bedürfnisse haben verschiedene Auswirkungen auf die Bindungsqualität der Kinder. Dies zeigt die Entwicklungspsychologin Mary Ainsworth durch den sogenannten Fremde-Situationen-Test auf.

---

[9] Vgl. Kasten, Hartmut: Entwicklungspsychologie, Lehrbuch für Fachkräfte, 2. Auflage (S. 401)
[10] Vgl. https://www.grin.com/document/63263

5.1.1 Fremde-Situationen-Test

Um das von Bowlboy entworfene Bindungsmodell nicht nur in der Theorie, sondern auch in der Praxis zu beweisen, führte Mary Ainsworth 1973 den Fremde-Situationen-Test („Strange Situation Test") durch. Für die erste Phase des Tests begaben sich Mütter zunächst alleine mit ihrem 12- 18 Monate alten Kind in einen Raum, welcher dem Kind Platz und Materialien bot um diese Umgebung gut zu erkunden. Die Mütter beschäftigen sich eine Zeit lang mit ihrem Kind bis eine dem Kind fremde Person hineinkommt. Erst setzt sich diese Person daneben und beobachtet bis sie langsam in Interaktion mit dem Kind tritt. Schließlich begibt sich die Mutter aus dem Raum und lässt ihr Kind alleine mit der fremden Person, welche weiterhin in Kontakt mit dem Kind bleibt. Sobald die Bezugsperson den Raum erneut betritt, geht sie auf die Bedürfnisse des Kindes ein, zum Beispiel tröstet sie es, wenn es weint, bevor sie zusammen mit der fremden Person den Raum erneut verlässt. Nun ist das Kind auf sich gestellt und wieder gezwungen diese Situation alleine zu bewältigen. Dies jedoch nicht für lange, da nach kurzer Zeit beide Erwachsene den Raum betreten und die Mutter sich erneut um die Bedürfnisse des Kinders kümmert.

Die gesamte Zeit über werden die Reaktionen und Verhaltensweisen des Kindes beobachtet und dokumentiert. Je nach Reaktion und Bindungsverhalten des Kindes schloss die Psychologin auf eine von vier Bindungstypen. Bindungsverhaltensweisen wie zum Beispiel Weinen, Folgen, Klammern oder Lachen beschreiben verschiedene Signale, welche dem Kind dazu dienen in Stresssituationen Kontakt, Bindung und eine wechselseitige Interaktion mit der Bezugsperson aufzubauen.[11]

5.1.2 Bindungstypen

Durch die Reaktionen der Kinder im „Fremde-Situationen-Test" ordnete Mary Ainsworth vier verschiede Bindungstypen zu, welche die einzelnen Bindungsqualitäten zwischen Bezugsperson und Kind beschreiben.

5.1.2.1 Unsicher-vermeidende Bindung

Gruppe A beschreibt Kinder die unsicher-vermeidend gebunden sind. Dies betraf etwa 30% der getesteten Kinder.[12] Kinder dieses Bindungstyps scheinen wenig auf ihre Mutter angewiesen zu sein, da sie keine Art der Beunruhigung zeigen, sobald die Mutter den Raum verlässt. Laut der Herzfrequenz der Kinder scheinen sie zwar angespannt, zeigen dies jedoch nicht, was bedeutet, dass sie ihre Gefühle unterdrücken. Selbst nach der Rückkehr der Mutter

---

[11] Vgl. Kasten, Hartmut: Entwicklungspsychologie, Lehrbuch für Fachkräfte, 2. Auflage (S.403)
[12] Vgl. Kasten, Hartmut: Entwicklungspsychologie, Lehrbuch für Fachkräfte, 2. Auflage (S. 408)

suchen die Kinder wenig bis keinen Kontakt zu ihr und wehren sich, sobald sie auf den Arm genommen werden.

Unsicher-vermeidend gebundene Kinder haben im frühen Alter häufig die Erfahrung gemacht, dass die Bindungsperson nicht zuverlässig auf Bedürfnisse eingeht, weshalb sie diese nicht offen zeigen.[13]

5.1.2.2 Sichere Bindung

Gruppe B erklärt, wie sich sicher gebundene Kinder verhalten. Mit 60% der untersuchten Kinder ist dies die häufigste Art der Bindung. [14] Während der Anwesenheit der Mutter beweisen die Kinder ein gesundes Gleichgewicht zwischen Bindungs- und Explorationsverhalten. Sie nutzen die Mutter als sichere Basis und nach einem Rückversicherungsblick zur Mutter wechselt das Kind vom Bindungsverhalten zum Explorationsverhalten, da es weiß, dass es in Sicherheit ist. Sollte etwas nicht in Ordnung sein, rutscht das Kind wieder in das Bindungsverhalten und sucht die Nähe der Mutter. Bei Körperkontakt ist das Kind in der Lage sich schnell zu beruhigen. Während und nach einer Trennung zeigen sie wenig Bindungsverhalten. Die Erzieherin kann schnell pflegerische Tätigkeiten beim Kind durchführen.

Da Babys nicht direkt kommunizieren können, sind sie von Geburt an mit einem Repertoire an Verhaltensweisen ausgestattet.[15] Diese dienen dazu, mit den Eltern über ihre Bedürfnisse und Empfindungen zu kommunizieren. Zu diesen Verhaltensweisen gehören zum Beispiel Lächeln, Weinen, Brabbeln und Hinterherkrabbeln. Eltern erkennen diese Verhaltensweisen, interpretieren sie intuitiv richtig und reagieren prompt und feinfühlig darauf. Das Neugeborene fühl sich dadurch wahrgenommen und es entsteht allmählich eine sichere Bindung zwischen Eltern und Kind.

Ist ein Kind sicher gebunden, ist es bereit seine Umwelt zu erkunden und nicht nur die Umgebung, sondern auch sich selbst wahrzunehmen und somit ein starkes, gesundes „Ich" zu entwickeln.

5.1.2.3 Unsicher-ambivalente Bindung

Unsicher- ambivalent gebundene Kinder umfasst Gruppe C. Etwa 10% der Kinder wiesen diese Art der Bindung auf.[16] Sie zeigten kaum Explorationsverhalten und suchten die Aufmerksamkeit der Bezugsperson. Das Stressempfinden dieser Kinder steigt sehr stark an,

---

[13] Vgl. https://www.erzieherin-ausbildung.de/praxis/fachtexte-alltagshilfen-u3/bindung-und-bindungstheorien-eine-wichtige-grundlage-fuer-die

[14] Vgl. Kasten, Hartmut: Entwicklungspsychologie, Lehrbuch für Fachkräfte, 2. Auflage (S.408)

[15] Vgl. Becker-Stoll, Fabienne: Bindung- Eine sichere Basis fürs Leben (S. 18 f.)

[16] Vgl. Kasten, Hartmut: Entwicklungspsychologie, Lehrbuch für Fachkräfte, 2. Auflage (. 408)

sobald die Bezugsperson den Raum verlässt. Bei der Rückkehr wird jedoch ein widersprüchliches Verhalten an den Tag gelegt. Zum einen suchen die Kinder Kontakt und Trost bei der Person, zum anderen wehren sie dies ab, wenn sie es bekommen.

Es wird davon ausgegangen, dass die Bezugsperson den Bedürfnissen der Kinder auf verschiedenen Ebenen begegnet ist. Mal wurden feinfühlig und liebevoll beantwortet und gestillt, dann wiederum wurden sie ignoriert oder gar abgelehnt.

5.1.2.4 Desorganisierte Bindung

Die letzte Gruppe, Gruppe D, ist mit weniger als 10% der am seltensten vorkommende Bindungstyp.[17] Das Kind ist sich nicht sicher, wie es sich gegenüber der Bezugsperson verhalten soll und verhält sich widersprüchlich. Es wendet seinen Kopf ab und meidet Blickkontakt, suchet jedoch gleichzeitig Nähe. Ebenso kann es zu aggressivem Verhalten gegenüber der Bezugsperson kommen. Das Kind sieht die Person sowohl als Sicherheit, als auch als Gefahr.

6. Verhalten während der Eingewöhnung

Neue Menschen, neue Umgebung, neue Herausforderungen präsentieren sich nicht nur für Kinder, sondern auch für deren Eltern. Für beide Parteien ist der Übergang in die Kinderkrippe eine schwierige und meist sehr emotionale Zeit. Gerade im Alter zwischen null und drei Jahren sind Kinder noch sehr stark an ihre Eltern gebunden und es treten viele Zweifel auf, wenn sie getrennt werden. Das Gleiche gilt für die Bezugspersonen. Manche bekomme ein schlechtes Gewissen, da sie ihr Kind so früh in eine Fremdbetreuung geben oder haben Angst, dass etwas schiefgeht. Um diese Ängste und Zweifel so gut wie nur möglich zu beseitigen, gibt es einige Verhaltensweisen, welche förderlich sind.

6.1 Anforderungen

Um die neue Situation mit einem positiven Ergebnis zu bewältigen, ist es von Vorteil, bestimmte Anforderungen zu erfüllen. Welche Anforderungen das sind, werde ich im folgenden Abschnitt darlegen.

6.1.1 Bezugsperson

Für die Eltern kann die erste Eingewöhnung des Kindes im Kleinkindalter viel Stress bedeuten. Vor allem, wenn es dazu noch das erste Kind ist. Oft stellen sie sich Fragen wie „Ist es noch zu

---

[17] Vgl. Kasten, Hartmut: Entwicklungspsychologie, Lehrbuch für Fachkräfte, 2. Auflage (S. 408)

früh?" oder „Mache ich alles richtig?". Doch Eltern sollten im besten Fall keine Ängste aufbauen und den Kindern Sicherheit vermitteln, ihnen in der Einrichtung sagen, dass alles gut ist und dass sie wieder abgeholt werden. Es ist wichtig, den Verlustängsten der Kinder entgegen zuwirken. Auch aus diesem Grund sollte man sich von dem Kind verabschieden und nicht einfach die Gruppe verlassen. Man kann eine Verabschiedung als eine Absprache mit dem Kind sehen, in der die Bezugsperson sagt, dass sie auf jeden Fall wiederkommt. Während des Freispiels ist es wichtig, dass die Bezugsperson sich passiv verhält und nicht aktiv ins Spiel eingreift, damit das Kind die Umgebung in seinem eigenen Tempo erforschen kann. Sollte das Kind Nähe suchen, ist es jedoch natürlich erlaubt, mit ihm zu interagieren.

Auch zu Hause gehen die Anforderungen an die Eltern weiter. Diese Art der Transition ist nichts, was ein Kind vergisst, sobald es die Einrichtung verlässt. In dieser Zeit wird das Kind mehr Ruhephasen und Schlaf benötigen, da in diesem Zeitraum das Erlebte verarbeitet wird. Sollte das Kind bereits in der Lage sein zu reden, sollte man ebenso aktiv zuhören, was das Kind erzählt. Dies gibt dem Kind nicht nur Erleichterung und hilft ihm, sich selbst wahrzunehmen, sondern ermöglicht auch der Bezugsperson, die Gefühle und Empfindungen des Kindes nachzuvollziehen.

Diese Gefühle können am nächsten Tag gut mit dem Bezugserzieher kommuniziert werden. So lernt auch er die Bedürfnisse des Kindes besser kennen und kann die Zeit der Eingewöhnung individuell für das Kind gestalten.

Einige Eltern berichteten mir, dass sie ihre Kinder in verschiedenen Weisen auf den Kita-Alltag vorbereitet haben. Oft wurde erwähnt, dass die Bezugsperson mit ihrem Kind bereits bei Baby-Massagen, Baby-Turnen oder bei Spielkreisen waren, um das Kind in ersten Kontakt mit Gleichaltrigen zu bringen. Ebenso wird damit begonnen das Kind abzustillen und Essen wird des Öfteren bereits etwas stärker gewürzt. Mahlzeiten und Schlafenszeiten werden häufig als Vorbereitung an die Zeiten in der Kindertagesstätte angepasst. Fast allen Kindern unserer Gruppe wurde vor der Eingewöhnung etwas über die Krippe erzählt.

6.1.2 Kind

Auch an die Kinder werden gewisse Anforderungen gestellt. Sie werden gezwungen sich neuen Situationen zu stellen und sich in diesen zurecht zu finden. Mit der Zeit müssen sie sich an diese Situationen anpassen und lernen, mit ihrem neuen Umfeld zu interagieren. Die Anforderungen an die Kinder sollten jedoch altersabhängig gestaltet werden.

6.1.3 Pädagogische Fachkraft

Die pädagogische Fachkraft hat während der Eingewöhnung einen sehr wichtigen Part. Sie plant und organisiert die Eingewöhnung des Kindes und ist dafür zuständig, einen liebevollen

Ort zu schaffen, an dem sich ihre Schützlinge wohl fühlen können, zu dem sie gerne hingehen und an dem sie mit ihren eigenen Fähigkeiten und Kompetenzen lernen können. Ebenso gibt sie dem Kind Hilfestellung sich durch das Einbeziehen anderer Kinder ins Spiel in die Gruppe zu integrieren. Während des Spiels werden nicht nur die vorhandenen Kompetenzen der Kinder genutzt und gefördert. In dieser Zeit erlebt und erobert das Kind seine Welt und lernt, sich, seinen Körper und seine Umwelt zu begreifen. Die Bezugserzieherin bietet dem Kind eine sichere Basis, auf die es zurückgreifen kann und sollte stets während der gesamten Eingewöhnung anwesend sein, da zu viele Wechsel der Erzieher eine Überforderung bedeuten könnten. Gerade bei der Übergabe in die Einrichtung ist es wichtig, dass das Kind ein vertrautes Gesicht sieht. Beständigkeit und Verlässlichkeit sind wesentliche Grundlagen für die Entwicklung des Kindes.

Auch die Kooperation mit den Eltern ist eine sehr wichtige Aufgabe der Bezugserzieherin. Oft werden Eltern von Ängsten geplagt, da sie ihr Kind vielleicht das erste Mal weggeben und nicht wissen ob es das Richtige ist. Dann ist es die Aufgabe der pädagogischen Fachkraft, den Eltern diese Ängste zu nehmen, indem man ihnen beratend und unterstützend zur Seite steht. Dies kann zum Beispiel während des Erstgesprächs geschehen, indem die Eltern darauf vorbereitet werden, dass es eine Veränderung im Verhalten des Kindes geben wird und dass in dieser Zeit Ruhephasen von großer Bedeutung sind, da in diesen eine Verarbeitung der neuen Eindrücke stattfindet. Ein täglicher Austausch mit den Eltern ist unerlässlich. Um zu erkennen was das Kind während der Eingewöhnung braucht, erkundigt sich die Bezugserzieherin bei der Bezugsperson darüber, wie der Tag vor und nach der Eingewöhnung verlief. Zudem werden den Eltern bestimmte Regeln erklärt, damit eine ungestörte Eingewöhnungszeit möglich ist.

7. Erziehungspartnerschaft

Eine Erziehungspartnerschaft beschreibt die Einheit, welche Eltern und pädagogische Fachkraft bilden, um dem Kind die bestmögliche Förderung und Wohlbefinden zu bieten. Wichtig sind eine gute Kommunikation, Vertrauen und Ehrlichkeit. Durch transparentes Arbeiten beider Seiten ist es möglich, die Entwicklung des Kindes aus verschiedenen Perspektiven zu betrachten. Bei gutem Austausch kann gegebenenfalls Förderungsbedarf entdeckt werden. Auch Vereinbarungen können besser durch eine solche Beziehung getroffen werden. Erzählen die Eltern einer Fachkraft, dass das Kind beginnt, zu Hause auf die Toilette zu gehen, so können die Fachkräfte in der Krippe diesen Entwicklungsschritt in der Einrichtung unterstützen und fördern. Wenn kein Austausch stattfindet, kann sich die Einrichtung nicht aktiv an diesem Entwicklungsschritt beteiligen.

8. Unsicherheiten

Kommt ein Kind in die Krippe, ist dies ein großer Schritt sowohl für die Kleinen als auch für die Eltern. Der Übergang vom Elternhaus in die Kinderkrippe ist die erste Transition, die Kinder bewältigen und wahrscheinlich auch für die Eltern das erste Mal, dass sie ihr Kind für längere Zeit in die Hände anderer Leute geben. In so einer Situation ist es nur natürlich, dass beide Parteien unsicher sind und Ängste haben, welche sie ein Unwohlsein spüren lassen.

8.1 Kinder

Kinder brauchen viel Zeit, um sich an eine Trennung von ihren Eltern zu gewöhnen. Sie sind gezwungen, sich an neue Menschen und eine fremde Umgebung zu gewöhnen und neue Bindungen aufzubauen. Auch in diesem Punkt kommt der Eingewöhnung eine besondere Bedeutung zu. Kinder brauchen Zeit, um sich nach und nach an die neuen Menschen um sie herum zu gewöhnen und die immer länger andauernde Abwesenheit der Bezugsperson zu akzeptieren. Jedoch gibt es auch Kinder, bei denen eine schnellere Trennung von Vorteil ist. Wie lange genau dies dauert, ist genau so individuell, wie die Persönlichkeit jedes einzelnen Kindes und hängt zudem von der Bindungsqualität ab. Trennungen sollten behutsam und mit viel Geduld angegangen werden.

8.2 Eltern

Um die Ängste und Bedenken der Eltern herauszufinden und besser zu verstehen, habe ich im Rahmen dieser Facharbeit einen Fragebogen erstellt, welchen die neun Familieneltern der Gruppe ausfüllten und in einem kurzen Gespräch noch einmal erklären, was genau sie mit ihren Antworten meinen. Was ich dank der Umfrage herausfinden konnte, werde ich im folgenden Absatz darlegen.

Häufig werden Eltern von Verlustängsten und einem schlechten Gewissen geplagt. Das Gefühl, die Verantwortung abzugeben und keine Kontrolle mehr über das eigene Kind zu haben, hinterlässt ein Unwohlsein. Eltern fragen sich, wie schnell das Kind sich einlebt, oder ob es sich überhaupt einlebt. „Lässt sich mein Kind auf die Bezugserzieherin ein? Kommt mein Kind mit den anderen Kindern klar? Wie entwickelt sich mein Kind ohne mich?" Das alles können Fragen sein, die den Bezugspersonen im Kopf herumschwirren, während sie ihre Kinder das erste Mal alleine in der Gruppe lassen. Man ist im Ungewissen, ob das Kind wirklich glücklich ist, ob die Bedürfnisse des Kindes erkannt werden und ob angemessen auf diese reagiert wird.

Eine Mutter berichtete, dass sie von vielen tränenreichen Trennungen hörte und ihre größte Angst war es, dass auch ihre Tochter ein sehr emotionales Kind sein könnte, welches sich nicht so einfach auf eine Trennung einlässt. Doch alle Eltern unserer Gruppe erzählten, dass all ihre Ängste unbegründet waren und die Eingewöhnungen ohne größere Probleme verliefen.

Gerade Kinder im Krippenalter sind sehr sensibel und nehmen Gefühle und Einstellungen der Eltern schnell wahr. Haben die Eltern viele Bedenken und sind sich sehr unsicher, so übertragen sich diese Gefühle auf das Kind. Steht man selbst dem Prozess jedoch positiv gegenüber, so wird dies auch das Kind machen, da es merkt, dass die Bezugsperson dies gutheißt.

9. Beispiele der Einrichtung

Während meines Anerkennungsjahres konnte ich viele Eindrücke über das Thema Eingewöhnung im Krippenbereich sammeln. Hierbei habe ich nicht nur einiges in den Unterlagen gelesen, sondern durfte auch vieles davon miterleben.

Eingewöhnungen sind so individuell wie die Kinder selbst. In dieser für die Kinder schwierigen Zeit, muss man sich an den Ressourcen, sozialen und emotionalen Fähigkeiten und der Entwicklung des Kindes orientieren.

9.1 Beispiel 1

A. besucht die Einrichtung seit ihrem zweiten Lebensjahr. Nach Angaben des Vaters wurde seine Tochter bisher noch nicht fremdbetreut und interessiert sich sehr für Bücher, Bausteine und die Natur.

Während der ersten beide Tage der Eingewöhnung war ihr Vater mit anwesend. An diesen Tagen war sie noch etwas unsicher, schaffte es jedoch, trotzdem die Gruppe und das Spielzeug neugierig und interessiert zu erkunden. Die Bezugsperson klammerte jedoch etwas an dem Mädchen und trat in eine aktive Interaktion mit ihr. Die ersten Trennungen mit einer Dauer von etwa einer Stunde verliefen ohne Probleme. A. nahm die Abwesenheit ihres Vaters zwar aktiv wahr, weinte jedoch nicht und fragte auch nur selten nach ihm. Sie spielte sehr offen und neugierig im Gruppenraum und ließ ihrem Verlangen nach Exploration freien Lauf. Einige Tage danach begann sie, mit uns gemeinsam am Frühstück und Mittagessen teilzunehmen. Es dauerte etwas, bis sie sich darauf einließ, doch als sie sich daran gewöhnte, aß sie mit sehr gutem Appetit mit. Ihre Laune war die meiste Zeit über sehr gut und sie weinte nur, wenn etwas passierte, wie zum Beispiel ein Sturz und der darauffolgende Schmerz. Das Spielen alleine und mit anderen Kindern stellte kein Problem dar und auch den Garten erkundete sie mit all ihrer kindlichen Neugier und vollem Körpereinsatz, als sie das Außengelände der Einrichtung das erste Mal betrat. Selbst beim Mittagsschlaf gab es keine Probleme. Zwar beklagte sich das Mädchen eine sehr kurze Zeit, doch war dabei sehr leise und schlief nach ein paar Minuten ein. Nachdem die Eingewöhnung 20 Tage lang reibungslos verlief, wurde entschieden, diese erfolgreich abzuschließen.

Während der ersten beiden Tage war es die Aufgabe der Bezugserzieherin, dem Vater zu erklären, dass er sich passiv verhalten solte und dem Kind Freiheiten ermögliche, seine neue Umwelt zu erkunden. Auch der Ablauf der Eingewöhnung und die verschiedenen Zeiten wurden ausführlich besprochen. Der Erziehungsberechtigte machte den Eindruck vieles kontrollieren zu wollen, als seine Tochter beispielsweise mit anderen spielte und verkomplizierte die Situationen in diesen Momenten. Es war deutlich erkennbar, dass die

Trennungsphasen A. gut taten, da sie so mehr Autonomie erleben und Vieles selbst wahrnehmen konnte.

9.2 Beispiel 2

O. kam im Alter von 11 Monaten in die Einrichtung. Während des Erstgesprächs stellte sich heraus, dass das Mädchen in Situationen mit fremden Personen erst etwas fremdle, wobei Männer hier ein größeres Problem seien als Frauen. Nach fünf bis zehn Minuten gewöhnt es an die neue Situation. Ebenso wurde die Information weitergegeben, dass man sie sehr gut mit Essen und ihrem Schnuller trösten könne.

Obwohl O. in den ersten beiden Tagen ab und an noch die Nähe und Sicherheit ihres Vaters suchte, war sie sehr neugierig auf das herumliegende Spielzeug und krabbelte einen immer größer werdenden Radius. Am dritten Tag erfolgte die erste Trennung mit einer Zeit von 12 Minuten. Bis zum achten Tag steigerte sich die Trennungszeit bis zu 40 Minuten. Das Kind ließ sich gut von seinem Vater trennen. Sie quengelte ab und zu, ließ sich jedoch auf dem Arm nehmen oder mit etwas Essen schnell wieder beruhigen. Sie spielte und erforschte viel und beobachtete das Spiel der anderen Kinder aus der Entfernung. Nachdem das Mädchen auf Grund einer Erkrankung einige Tage nicht zur Eingewöhnung kommen konnte, weinte sie die darauffolgenden Tage während der Trennung und in der Gruppe sehr viel. Auf dem Außengelände jedoch verbesserte sich ihre Stimmung und sie begann den Sandkasten für sich zu entdecken. Ein paar Tage später wurde das Weinen immer weniger und O. aß das erste Mal gemeinsam mit ihrer Gruppe. Das Frühstück und auch unseren Ausflug ins Feld machte sie sehr gut mit und sie integrierte sich immer besser in die Gruppe. Breits nach siebzehn Tagen schlief das Kind zum ersten Mal in der Einrichtung. Sie schlief gut ein, wachte jedoch immer wieder weinend auf. Die Trennungen verliefen zunehmend besser. Nach Tag 20 wurde die Eingewöhnung erfolgreich abgeschlossen.

9.3 Beispiel 3

L. ist ein Junge der mit 1,3 Jahren in unsere Einrichtung kam. Bereits während des Elterngesprächs gab die Mutter viele Informationen von ihrem Sohn preis. Zu Hause wachse das Kind mit drei Sprachen auf, da die Mutter Französin und der Vater Spanier sei. Doch zu Hause redeten sie alle zusammen hauptsächlich Deutsch. Ebenso erwähnte sie, dass das Kind ein richtiges „Draußen-Kind" sei. Er sei sehr interessiert an seiner Umwelt und erkundet diese gerade draußen sehr gerne. Anderen Menschen gegenüber sei er offen und freundlich und erreiche durch seinen Ehrgeiz und Ideenreichtum seine Ziele. Zudem liebe er Musik und tanze sehr gerne dazu. Des Weiteren gab sie an, dass sie nicht besorgt sei, da eine Abgabe des Kindes in eine Krippe in Frankreich ganz normal sei. Auch wurde L. vorher bereits von einer Tagesmutter betreut.

In den ersten beiden Tagen der Eingewöhnung war die Mutter von L. dauerhaft anwesend. In diesem Zeitraum blieb der Junge oft bei ihr, konnte sich jedoch kurz lösen, um den Gruppenraum zu erkunden und Kontakt zu seiner Bezugserzieherin und den anderen Kindern aufzunehmen. Am dritten Tag folgte bereits der erste Trennungsversuch mit einer Dauer von 20 Minuten. Nach dem Abschied weinte L. seiner Mutter noch etwas hinterher, ließ sich jedoch schnell auf dem Arm der Bezugserzieherin beruhigen und explorierte weiterhin den Gruppenraum. An den darauffolgenden Tagen wurde die Trennungzeit jeweils um Zehn Minuten verlängert. L. suchte oft die Nähe seiner Bezugserzieherin und signalisierte, dass er Körperkontakt sucht. Jedes Mal, wenn sich die Tür öffnete oder schloss, begann der Junge zu weinen, ließ sich aber durch Zuspruch schnell wieder trösten. Es folgten vier Tage der Abwesenheit, bevor das Kind am zehnten Tag der Eingewöhnung wieder die Einrichtung besuchte. Dieser Tag verlief nach einer so langen Pause nicht sonderlich gut. Während der einstündigen Trennungsphase weinte der Junge sehr viel. Auch wenn er sich schnell beruhigen ließ, stellte er sein Explorationsverhalten zurück und blieb lieber auf dem Arm einer Erzieherin. Die nächsten Tage verliefen ohne Probleme. Zwar weinte er nach der Trennung kurz, doch kaum waren wir im Garten, hatte er, was die Aussage der Mutter bestätigte, gute Laune und erkundete den Sandkasten aus allen Winkeln und Perspektiven. Auch während des Frühstücks gab es keine Komplikationen. An Tag 23 stand der erste Mittagsschlaf in der Einrichtung an. Auch dieser verlief problemlos. Zwar wollte L. sich nicht direkt hinlegen, war jedoch sehr still und weinte nicht, bis er irgendwann langsam aus seiner sitzenden Position in den Schlaf fiel. Nachdem das Kind in 26 Tagen die Einrichtung und die Kinder kennengelernt und sich in die Gruppe integriert hat, wurde die Eingewöhnung an Tag 27 erfolgreich beendet.

Anhand dieses Beispiels lässt sich erkennen, wie eine gut durchgeführte Eingewöhnung aussieht. Der Junge suchte seine Mutter als sichere Basis auf, war jedoch auch in der Lage in sein Explorationsverhalten zu wechseln und die gesamte Gruppe und dessen Mitglieder zu erkunden und kennenzulernen. Nachdem er einige Male während der Trennung weinte, besserte sich dies, da L. merkte, dass seine Mutter ihn immer wieder abholt. Hier ist eine sichere Bindung zu erkennen. Der Kontakt zur Bezugserzieherin konnte schnell auf- und ausgebaut werden, da sie immer in der Nähe oder direkt am Kind war, ohne es einzuschränken. Innerhalb von vier Wochen war der Junge vollständig in die Gruppe integriert.

9.4 Beispiel 4

L. kam im Alter von sieben Monaten in unsere Einrichtung. Nach Angaben der Mutter befand er sich bereits bis zu neun Stunden am Tag in der Obhut einer Tagesmutter.

Bereits am ersten Tag erfolgte eine Trennung von zwei Stunden. In diesem Zeitraum kam die Mutter eine kurze Zeit zum Stillen in die Einrichtung und verließ sie dann wieder, um zu Arbeitsstelle zurück zukehren. Der Junge schlief eine Stunde in der Einrichtung. Am zweiten Tag wurde die Trennungszeit auf fünf Stunden erhöht, da es bei der Trennung keinerlei Probleme zu geben schien und L. mit guter Stimmung am Gruppengeschehen teilnahm. Am dritten Tag wurde der Junge bereits 7,5 Stunden von seiner Bezugsperson getrennt. Nachdem er auch in dieser langen Zeit keine Auffälligkeiten aufwies, wurde die Eingewöhnung abgeschlossen.

Diese Art der Eingewöhnung wird von meinen Gruppenkolleginnen und mir als sehr kritisch empfunden. Wir alle arbeiten noch nicht sehr lange in der Einrichtung, was zusätzlich bedeutet, dass L. bereits diverse Erzieherwechsel miterlebt hat, nicht nur von Seiten der Erzieher. Bereits mit 1,5 Jahren hat der Junge mindestens vier wechselnde Bezugspersonen erlebt. Erst musste er sich von der Mutter lösen und eine Bindung zur Tagesmutter aufbauen. Nach kurzer Zeit wechselte er dann von einer Tagesmutter in die Kinderkrippe von musste sich an seine Bezugserzieherin gewöhnen, welche im späteren Verlauf dreimal wechselte.

Nach langer Zeit des kritischen Hinterfragens und vielen Gesprächen in denen meine Kollegen und ich Verhalten, Situationen und Vorkommnisse der Kinder reflektierten, fragen wir uns, ob die Eingewöhnung dieses Kindes mitunter ein Grund ist, wieso er heute sehr viel provoziert und Bitten oder Anweisungen ignoriert. Schlägt er zum Beispiel ein Kind und wir versuchen mit ihm zu reden, so streckt er die Zunge heraus und schaut uns nicht an. Erschwerend kommt dazu, dass der Junge mit drei Jahren kein Deutsch spricht. Er wächst in einem spanischen Elternhaus auf, schaut nach Berichten der Eltern abends englisches Fernsehen und wird tagsüber in der Krippe mit Deutsch konfrontiert. Einfache Wörter wie „Ball" oder „Baum" kann er aussprechen. Ansonsten drückt er sich durch Babysprache, Mimik und Gestik aus.

Das aktuelle Team der Einrichtung sieht den Abschluss dieser Eingewöhnung nicht als erfolgreich an.

12. Literaturverzeichnis

Becker-Stoll, Fabienne: Bindung- Eine sichere Basis fürs Leben (S. 18 f.)

Bildungs- und Erziehungsplan für Kinder von 0 bis 10 Jahren in Hessen

Höhn, Kariane: Eingewöhnung und Übergang in Krippe und Kita gestalten (S. 9)

https://de.wikipedia.org/wiki/Eingew%C3%B6hnung_(Kinderbetreuung)

https://www.erzieherin-ausbildung.de/praxis/fachtexte-alltagshilfen-u3/bindung-und-bindungstheorien-eine-wichtige-grundlage-fuer-die

https://www.experto.de/praxistipps/resilienz-einflussfaktoren-der-seelischen-widerstandskraft.html

https://www.grin.com/document/63263

https://www.hage.de/media/13-12-19_uebergaenge_kurzfassung_1.pdf

https://www.herder.de/kiga-heute/fachbegriffe/eingewoehnung/

https://www.herder.de/kiga-heute/fachbegriffe/transition/

https://www.st-josefggmbh.de/eingewoehnung.html

Kasten, Hartmut: Entwicklungspsychologie, Lehrbuch für Fachkräfte, 2. Auflage (S. 401)